Dans la même collection :

Moondog
Guy Darol & Laurent Bourlaud

Glenn Gould
Élie During & Alain Bublex

Sappho
Stéphane Bouquet & Rosaire Appel

Alexander Graham Bell
Juliette Volcler & Matti Hagelberg

Franz Liszt
Emmanuelle Pireyre & Anna Katharina Scheidegger

Béla Bartók
Peter Szendy & Anri Sala

Robert Moog
Laurent de Wilde & Samplerman

Erik Satie
Célia Houdart & Alain Huck

Nina Simone
Valérie Rouzeau & Florent Chopin

Mozart
Eugène Green & Clément Cogitore

Hors-série
Le Son du camion
Nathalie Quintane & L.L. de Mars

ISBN 979-10-94642-78-8
ISSN 2822-7255
Cité de la musique-Philharmonie de Paris, 2025
www.philharmoniedeparis.fr

Lili et Nadia Boulanger

racontées par

Léo Henry & Élodie Durand

ÉDITIONS

Lili et Nadia Boulanger,
une disparition de Maleine

« Pour comprendre la musique, il faut pouvoir la ressentir intellectuellement et affectivement : chacun de ces facteurs, seul, est insuffisant. »

Nadia Boulanger, 1977

« Il faut tout finir avant le 1er janvier, il le faut !! Le pourrai-je ? »

Journal de Lili Boulanger, fin 1917

ATTENTE

pour voix et piano

Europe, fin du XIXe siècle

Le père Boulanger s'appelle Ernest. Il est un excellent musicien dans sa jeunesse, qui choisit rapidement la vie plutôt que la musique. Son activité professionnelle est partagée entre enseignement du chant et écriture d'opéras comiques pas impérissables. Le reste du temps, Ernest Boulanger jouit de l'existence, des salons, des amitiés. C'est un homme doux, introduit dans la meilleure société parisienne, qui ancre la famille dans son époque et son milieu : confort matériel et relations mondaines.

La mère, Raïssa Michetsky, est une cantatrice russe, peut-être d'ascendance polonaise, peut-être noble, plus jeune que son époux de quarante ans. Elle s'installe avec lui à Paris au terme d'une tournée européenne. Raïssa est une femme remarquable, qui lègue à ses enfants l'amour indéfectible, l'exigence d'une attention sans faille et l'aspiration à quelque chose de supérieur. Par ses liaisons discrètes, elle donne

au couple Boulanger quatre filles, dont deux vivront. L'aînée est prénommée Nadia. Dans ses premières années, elle est allergique à la musique et proteste dès qu'elle entend un instrument. Nadia apprend cependant à lire les notes avant de savoir l'alphabet, avant même de s'intéresser à l'art que ces signes codent. Elle devient une grande enfant brillante, appliquée et inquiète.
Et puis il y a la dernière, Juliette, aussitôt surnommée Lili. Lili hérite des traits de sa mère et de la distance rêveuse, proche de l'indolence, de son père. La petite tarde à s'inscrire dans la passion familiale, mais, quand elle le fait, c'est avec une aisance et un naturel confondants. Nadia et Lili ont six ans d'écart. Elles se ressemblent peu de caractère, mais s'aiment et se soutiennent. Le foyer Boulanger, malgré son opulence et ses liens parfois intimes avec ce que le Paris fin-de-siècle compte de plus grands artistes, demeure un endroit austère. Les Boulanger n'ont pas eu de fils. De grandes espérances sont fondées sur elles deux.
Il n'y a pas de rivalité possible entre les sœurs. L'aînée a la ténacité et le goût de la perfection, la cadette l'assurance du choix et la fulgurance créatrice.

orchestration;

violoncelle; orgue; harpe; violon;

composition;

Nadia 1887-1979
Mademoiselle; Princesse
de la musique.

piano;

Fugue;

contrepoint;

harmonie.

Lili 1893-1918
Juliette;
petite soeur.

Ce que la grande élabore méthodiquement, la petite l'explore, portée d'abord par l'intuition.
Et puis, et surtout, Lili est malade.
Très tôt, Nadia vit dans la crainte de sa disparition et se donne pour mission de la protéger.

LES SIRÈNES

chœur à trois voix de femmes
et chœur mixte en coulisse, piano ou orchestre

36, rue Ballu, Paris, 1911

Lili et Nadia travaillent face à face. Entre elles, la surface du bureau est encombrée de feuilles et d'ouvrages, de partitions annotées, de papier musique vierge et de brouillons saturés.
Si les jeunes femmes échangent peu de mots, elles sont très conscientes de leurs présences respectives, du volume qu'elles occupent dans l'espace et de leurs

gestes minutieux : une note à la plume, une biffure au crayon, un petit mouvement de main en l'air caressant sans bruit une mélodie intangible.

Lili et Nadia sont habituées l'une à l'autre, elles ont toujours vécu ensemble. Parfois, Nadia soupire. Parfois, Lili se plie sur son ouvrage : c'est une crampe intestinale ou bien une impatience. De tout petits signes les relient dans une même urgence, une exigence commune.

À trois reprises, Nadia Boulanger a concouru au grand prix de Rome. À sa dernière tentative, elle a été admise à Compiègne pour la mise en loge, l'épreuve reine de composition. L'exercice se pratique isolé, sans instrument, sur un texte imposé : des feuilles vierges, une plume, et toute la musique possible. Nadia a échoué juste sur le seuil.

La famille Boulanger a fait jouer ses influences et ses appuis. Elle a laissé entendre par voie de presse que ces décisions étaient le fruit d'une discrimination misogyne, que Nadia était la meilleure, qu'elle méritait mieux que le deuxième prix. À cette occasion, on s'est brouillé avec Camille Saint-Saëns, une connaissance d'Ernest qui faisait partie du jury.

L'année où Nadia a renoncé à y aller pour la quatrième fois, Lili a simplement dit : « Je vais le faire. »
Et comme sa sœur ne répondait rien, elle a insisté : « Je serai compositrice. Avec ta permission. Avec ton aide. »
Lili avait dix-sept ans alors.
Depuis, elle compose.
Elle ne pratique plus avec la même ferveur, avec la même ambition de perfection ces instruments qu'elle a appris à maîtriser — la harpe, le violon, le violoncelle et le piano. Lili Boulanger ne deviendra pas interprète concertiste. Elle ne sera pas non plus professeure de musique. Elle entre au Conservatoire pour approfondir ses connaissances théoriques. Sa santé est fragile et son temps compté.
Il lui faut venger Nadia et accéder au prix de Rome. Il lui faut surtout écrire les pièces inouïes et follement ambitieuses que portent en elles les sœurs Boulanger. Les relectures et les corrections, les avis qu'émet Nadia sur son travail sont d'une honnêteté sans fard. Les amendements, laconiques et précis. C'est que la grande sœur ne s'embarrasse pas de formes. À cet endroit, il n'est plus question que de respect de la musique.

Les deux sœurs savent qu'elles partagent un amour de la musique plus grand que celui qu'elles se portent l'une à l'autre. Leur mère leur a appris ceci : il ne faut rien viser en deçà de la perfection.
Les feuillets passent d'un côté à l'autre de la table.
Lili, sans bruit, fait de la musique. Nadia, dans le même silence, la lit et la corrige.
Il arrive souvent que l'aînée ne comprenne pas ce qui guide sa sœur, d'où lui viennent ses emballements, ses audaces créatrices. Mais à aucun moment elle ne doute de la justesse des intentions. Nadia n'a pas besoin de comprendre, seulement de ressentir, pour distinguer aussitôt les faiblesses et les manquements, les facilités, les rares erreurs.
De temps à autre, les yeux des deux jeunes femmes se croisent. Elles regardent dans le vague, un peu, et se voient en même temps très distinctement. Leurs traits restent impassibles. Quelque chose de leur effort commun flotte dans les airs et les relie.
Autour d'elles, il y a le havre de l'appartement clos, les collections de Raïssa, les pianos, l'orgue, les fleurs.
Ce qu'elles font ensemble est impossible à percevoir

comme à décrire ; cela n'a pas de nom.
C'est une grâce, un lien, et une des beautés de l'univers.
Cela n'existe que dans le temps où cela dure.

SOIR D'ÉTÉ

chœur à quatre voix et piano

Villa Médicis, Rome, août 1914

Cela fait une semaine que Nadia est repartie pour Paris. Lili espérait que leur mère s'en irait avec elle, que Raïssa Michetsky finirait par déserter la Villa, mais celle-ci ne semble pas prête à quitter l'Italie.
La dernière dispute avec le directeur de l'Académie date du lundi précédent, et cela fait trois jours que Raïssa n'est plus sortie du « tombeau étrusque », ce petit bout d'étage que l'on a fait aménager spécialement pour les femmes Boulanger. Lili ignore sur quoi portait le désaccord cette fois-ci ; la présence des domestiques, probablement, ou les menus des repas servis dans leur chambre.

Raïssa s'est beaucoup agitée avant de s'endormir. Lili a regardé le ciel s'éclaircir, par le rai qui filtre entre les volets de bois, à mesure que la lune montait dans le ciel. Du jardin lui parvient le bruit continu des conversations des pensionnaires qui veillent en cette claire nuit d'été. De temps à autre, elle saisit la brève saillie d'une exclamation.

Nadia appelle le sommeil « cinq heures de rien ». Lorsque sa maladie la travaille, Lili donnerait cher pour goûter à un si long repos. La jeune femme est intranquille. Les douleurs la tiennent en éveil, et quand celles-ci s'apaisent, ce sont les inquiétudes et l'urgence de faire qui prennent le relai.

Lili sait qu'elle a très peu de temps. Ce qu'elle doit accomplir, il lui faudra le réaliser plus vite que quiconque. Depuis l'enfance, ses nuits ne sont que des somnolences concentrées, mêlant aux cauchemars l'enthousiasme et la musique.

Allongée dans le noir, Lili Boulanger compose. Elle écoute, chante et écrit en pensée.

En bas, quelqu'un s'échauffe. Une phrase se termine en suspens, suivi d'un silence, d'un mot encore, puis

d'un éclat de rire général. Raïssa grogne, se retourne, se rendort. Lili se coule hors de son lit, enfile une robe de chambre et sort de la pièce à tâtons.
Dans l'escalier, elle s'arrête pour regarder au-dehors le parc, les grands arbres, les lumières de la ville au loin. Le ciel est immense et presque mauve. Quelque chose enfle dans sa poitrine, qui a à voir avec le chagrin et avec l'espérance. Lili ne distingue pas les buveurs, ses camarades, mais sent l'odeur de leurs pipes et attrape quelques mots de leurs conversations décousues.
Si j'avais le temps et la santé, songe-t-elle, sans le formuler. *Si notre mère n'était pas là. Si je pouvais, comme eux, consacrer ce séjour romain au plaisir plutôt qu'au travail.*
« Tu es debout ? »
Lili n'a pas entendu Lucienne Heuvelmans arriver.
« Tu veux nous rejoindre ? »
La silhouette de Lucienne est courte, dense dans l'obscurité. La sculptrice a la trentaine. Elle est la seule autre femme en pension à la Villa, la toute première dans l'histoire de l'Académie. Lili est la seconde, et l'unique compositrice depuis la création de cette institution il y a plus de trois siècles.

« Mère dort », souffle Lili, comme si c'était une réponse. Lucienne monte jusqu'à elle, tenant par le goulot une bouteille de vin, dont on peut sentir l'odeur jusque dans son haleine. La sculptrice sent aussi le tabac, la poussière de plâtre et la sueur aigre. Elle sait jurer aussi haut, boire aussi raide que n'importe quel gars. C'est elle qui a donné son surnom à Lili le jour de son arrivée : Petite Sœur.

« Ce n'est pas si drôle, convient Lucienne, s'asseyant sur une marche. Les peintres ne tiennent pas l'alcool et les architectes ne savent parler que d'eux-mêmes. Passé minuit, à moins de s'intéresser aux adresses de maisons closes, il n'y a pas grand-chose à se mettre sous la dent. »

Les jambes de Lili Boulanger sont faibles. Elle s'installe aux côtés de sa camarade, refuse la bouteille tendue amicalement.

« Ils ne sont pas méchants, dit Lili.

— Ils sont pires. Ils sont inoffensifs.

— J'ai l'impression qu'ils m'aiment bien.

— Oui. C'est qu'ils ont peur.

— De moi ? »

Lucienne a un petit rire, doux et sincère, que Lili voudrait savoir attraper, saisir dans son poing, emporter avec elle. *Il faudrait un solfège pour conserver la vie.*
« Aucun d'eux n'a ton exigence, reprend Lucienne. Aucun n'a ta capacité de travail, au-delà même de tes dons.
— C'est que je n'ai pas le choix », rétorque la compositrice.
Son ton est plus cassant qu'elle ne le voudrait. Lili déteste sa propre amertume.
Le silence retombe. On entend les chaises qui raclent dans le gravier du parc, des pas qui crissent, le bruit grêle d'un jet de pisse au milieu des plates-bandes.
Depuis quelques temps, Lucienne rêve à un buste de Lili : une sculpture de marbre lisse et dense, à même de figurer la force paisible de la stupéfiante jeune fille. La plasticienne imagine que c'est la mort qui pousse la musicienne à la tâche, cette éternité en elle qui la travaille et la durcit.
Lili sait qu'il n'en est rien.
La maladie n'est que mollesse et épuisement, qu'inaction et désespoir.

1916, Lucienne Heuvelmans sculpte le buste de Lili.

Ce qui la force à ne rien faire en deçà de la perfection, c'est sa mère en elle. L'implacabilité de Raïssa. Et ça, personne ne peut le comprendre, hormis sa sœur Nadia. « Il n'y a pas d'autre chemin, dit-elle encore, dans la nuit de la Villa. Le monde va s'effondrer. Les instants vont passer. Moi, je n'ai que la musique. Je n'ai que le travail pour me montrer à la hauteur. »

CLAIRIÈRES DANS LE CIEL

cycle de treize mélodies pour voix et piano

Nice, juin 1916

Depuis le jardin, entre les arbres, on aperçoit la mer. On a mangé froid, à l'ombre des vieux pins, la table est encore dressée. Maurice Maeterlinck ressert du café à ses hôtes. Une petite goutte éclabousse les feuillets étalés entre les assiettes par Tito Ricordi. L'éditeur milanais ne relève pas : il fume en regardant dans le vague. Le profil de Lili Boulanger s'inscrit dans son

champ de vision, sa peau plus claire encore que le col haut de la robe blanc cassé. Elle scrute quelque chose au loin, au large. Fronce les sourcils, à peine. Lili n'a presque rien mangé.
« Eh bien, ma petite. Quelque chose vous chagrine ? »
C'est Maeterlinck qui questionne tout en se laissant retomber sur sa chaise, faisant tinter les couverts. Lili impressionne trop Ricordi pour qu'il ose poser une question aussi directe. Tout comme le dramaturge, l'éditeur de musique est de trente ans plus vieux que la compositrice, mais cette différence d'âge, loin de le rassurer, l'intimide plus encore.
« Je pensais au front, répond-elle. Je pensais à la guerre.
— Un monstrueux désastre, abonde Maeterlinck. Le monde contre lui-même. »
Il boit.
Derrière eux, la demeure aux volets clos fait un rempart d'ombre et de fraîcheur. Verdun semble loin : dans un autre monde ou un autre temps. Mais l'écrivain sait que de nombreux camarades de la jeune femme tremblent au même moment au fond de leurs tranchées. Pour eux, les sœurs Boulanger font publier

un petit journal d'information, la *Gazette des classes du Conservatoire national*. C'est la participation familiale à l'effort patriotique, une manière de continuer de faire vivre la musique au cœur même de la tourmente.

« La guerre ne pourra pas durer toujours », tente Ricordi.

Bien sûr que non, pense Lili. *Mais elle pourrait durer plus longtemps que moi.*

À Paris, les médecins les plus optimistes lui ont donné deux ans. Deux ans pour achever *Maleine*.

« C'est un des sujets de votre pièce, poursuit l'éditeur, tourné à présent vers Maeterlinck. La guerre.

— Ce thème a su parler à Mademoiselle Boulanger.

— Avez-vous eu l'occasion d'étudier mes propositions de coupe en ce sens ?

— Je vous ai donné entière liberté concernant le livret, Ricordi. J'ai toute confiance en vous. En vous deux. »

Maeterlinck allume un cigare avant de se remettre à monologuer. Il rappelle à ses invités l'histoire de la pièce, que ceux-ci connaissent déjà. L'article de Mirbeau. Les soirées au Bœuf sur le toit. *La Princesse Maleine* est son premier succès, l'œuvre qui l'a tiré de sa Belgique

natale, fait connaître à Montparnasse, c'est-à-dire dans le monde entier.
« Vous saviez que Debussy m'a demandé à faire *Maleine* jadis ? Satie est presque allé jusqu'à me supplier et Vincent d'Indy aurait dû s'y coller. Mais... »
Maeterlinck envoie dans l'air chaud des petites bouffées satisfaites.
« Je comprends aujourd'hui que c'est pour vous que je l'avais préservée, Mademoiselle. Pour l'Opéra de Paris. Pour les éditions Ricordi. »
Le contrat d'exclusivité, signé l'an passé, oblige Lili à écrire pour la firme milanaise deux opéras en huit ans, complets, orchestrés, prêts à être joués. Elle tient l'intrigue et une partie des motifs de *Maleine*, de grands pans d'atmosphère générale. Ses intentions musicales sont claires, il ne manque plus que la force de travail, que l'énergie. Que le temps.
La mer devrait être bleue, mais le soleil la fait briller d'un éclat aveuglant qui empêche d'en distinguer la teinte.
« Lorsque je vous ai vue pour la première fois, j'ai su que c'était vous, poursuit l'écrivain. J'ai immédiatement reconnu Maleine en vous. Si fragile. Si docile et si pure. »

1913, Lili reçoit le grand prix de Rome de composition musicale pour sa cantate *Faust et Hélène*. Elle est la première femme à obtenir ce prix.

Les douleurs nouent le ventre de Lili. Elle ignore ce qui relève de l'épuisement physique ou du découragement ; de la peur de mourir ou de son corps contre lequel elle lutte.
Dans la pièce de Maeterlinck, deux femmes s'affrontent à mort. La douce princesse Maleine et la perfide reine Anne. Entre les deux : une aimable nourrice.
Le sempiternel trio de la sainte, de la prostituée et de la mère.
Lili soupire.
« *Maleine* parle de guerre, intervient-elle, comme si elle reprenait une conversation interrompue. Elle parle de ce qui demeure en notre pouvoir alors que nous croyons avoir perdu toute capacité d'agir. »
Il y a un silence assez long, avant que les deux messieurs n'opinent, prudemment.
Pourvu que j'y parvienne, songe Lili.
La jeune femme ferme les yeux.
À travers ses paupières, la lumière est du même rouge profond et secret que celui qu'elle imagine colorer le fond de ses propres entrailles.

Gazette des classes
du Conservatoire.
N°4
RÉDACTRICES
NADIA et Lili BOULANGER
CROQUIS DE
J. DEBAT-PONSAN*
Paris, 27 Novembre 1916
*Sources Gallica BnF/Legs, Nadia Boulanger.

LA TEMPÊTE

chœur à trois voix d'hommes et piano ou orchestre

Ysselmonde

L'action de la pièce se déroule dans une Hollande de rêve, une Hollande sinistre et sombre, lourde d'orages et de prophéties. Ce pays imaginaire est un décalque du Danemark de *Hamlet*, de l'Écosse de *Macbeth*, un décor moyenâgeux et barbare, teinté d'après Maurice Maeterlinck d'une « certaine harmonie épouvantée et sombre ».

Sept années durant, la princesse Maleine se morfond dans le cachot où son père l'a enfermée. Elle n'en sort que pour découvrir son pays anéanti par la guerre, s'égarer dans une forêt hostile. L'univers entier s'est changé en livre de présages. Les fontaines parlent, les arbres menacent, les étoiles tombent, des tempêtes se déchaînent.

Maleine s'infiltre à la cour de son promis, le prince Hjalmar, déguisée en domestique. Le palais d'Ysselmonde est sous la coupe d'un roi sénile et de la reine Anne, sa maîtresse étrangère guidée par de sinistres

passions. Cette dernière souhaite lever une armée pour reconquérir son royaume. Elle nourrit envers son beau-fils un désir interdit.
Perçant les masques de Maleine, Anne décide d'éliminer sa rivale en amour, faisant glisser dans sa nourriture un poison lent. Maleine souffre et dépérit. Maleine agonise mais ne meurt pas.
Alors, la reine perfide et le roi impuissant s'introduisent dans sa chambre par une nuit d'éclipse et l'étranglent avec un lacet. Un gros chien noir hurle à la mort. Maleine succombe. Le roi, rendu fou par son crime, s'accuse en plein banquet. Son fils, entendant la vérité dans l'apparence du délire, tue la reine Anne avant de se poignarder à son tour.
La Princesse Maleine est la toute première pièce écrite par Maeterlinck, la *shakespearerie* d'un ambitieux de vingt-cinq ans. C'est une enfilade de saynètes mal cousues, portées par des personnages bredouillants, « somnambules un peu sourds constamment arrachés à un songe pénible ». Le Paris symboliste adore, Montmartre adoube le jeune poète. Vingt ans et vingt succès plus tard, Maeterlinck sera joué à travers

le monde entier et récompensé par le prix Nobel de littérature.
La Princesse Maleine est le point de départ, le drame confus porté par un personnage sans profondeur ni volonté. L'auteur fait de son héroïne un archétype de femme fragile, mue par ses passions et ballottée par le destin, condamnée dès le prélude à une fin dramatique. Son intrigue la promène de-ci de-là, la malmène, l'use et puis l'achève. Dans la pièce, la princesse parle peu ; c'est le monde autour d'elle qui se charge d'exprimer ses mouvements intérieurs : les décors, la nature, les éléments.
Le dramaturge est un démiurge. Il ne lui faut rien de moins que l'univers entier pour peindre les affres de Maleine.
Lili Boulanger a lu Maeterlinck lorsqu'elle était enfant. Elle a déjà composé une mélodie sur l'un de ses poèmes. Par le truchement de ses relations familiales et de sa soudaine notoriété due au prix de Rome, elle sait pouvoir le convaincre de lui confier *Maleine*.
L'année où l'homme de lettres accepte, sa pièce a déjà vingt ans : l'âge de Maleine, l'âge de Lili.

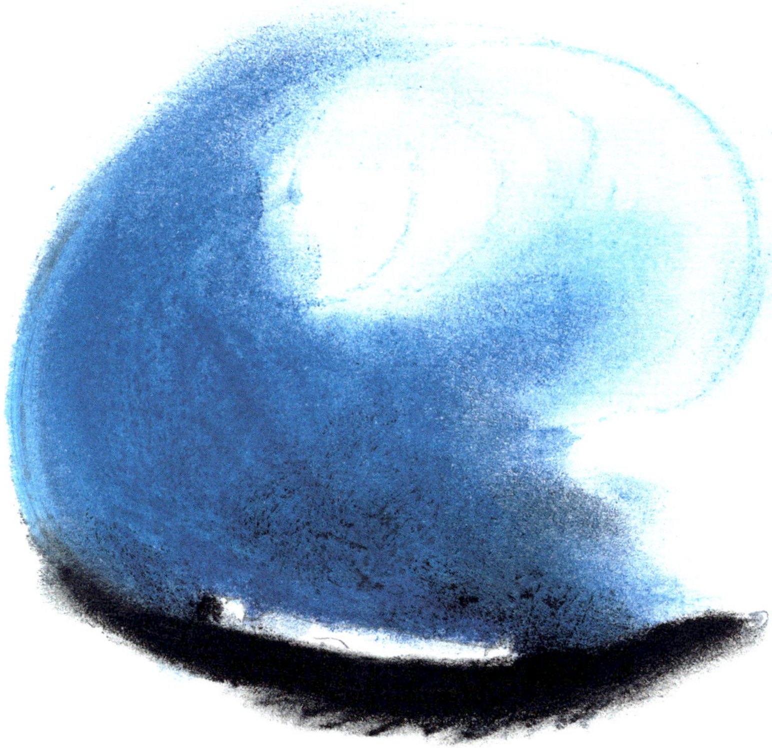

PIE JESU

pour soprano, quatuor à cordes, harpe et orgue

Mézy-sur-Seine, mars 1918

Lili est assise dans le lit, calée par trois oreillers. Cela fait plusieurs jours qu'elle ne s'est pas habillée, qu'elle ne se lève que pour rejoindre le coin d'aisance. Ce matin, pourtant, elle est soigneusement coiffée, les cheveux attachés dégageant son visage.

Elle ressemble à un oiseau, se dit Nadia. *Elle ressemble à la colombe de la Bible, épuisée d'avoir traversé les eaux du Déluge, revenant avec le rameau d'olivier*.

Lili scrute sur le mur en face de son lit l'icône orthodoxe peinte sur un panneau de bois qui représente une Vierge à l'Enfant.

Elle dicte : « Très doux et très calme. »

Puis les notes de la mélodie chantée.

Lili Boulanger est mourante. Malgré les soins, malgré l'opération de l'été et l'attention constante de ses proches, la voilà au terme de son existence. Elle n'a que vingt-trois ans.

Le *Pie Jesu*, qu'elle n'a plus la force de transcrire elle-

même sur les portées, est sa dernière composition. Une toute petite pièce. Un fragment de la grande messe des morts.
Pie Jesu, Domine,
Dona eis requiem.
« Doux Jésus, Seigneur,
Donne-leur le repos. »
Lili dicte et Nadia écrit, penchée sur le papier réglé : la visionnaire et la copiste, la géniale et la laborieuse. C'est la plus jeune qui va mourir. Celle à qui, dans le court laps qui lui a été accordé, tout a réussi.
Lili chuchote. Nadia tend l'oreille, note en silence.
Il est souvent arrivé, par le passé, que les deux sœurs discutent d'orchestration. Que Lili sollicite Nadia sur une question technique, qu'elle lui demande son avis. Ce matin, non. Ce matin, Lili achève le *Pie Jesu*. Elle met un point final à son œuvre.
Dona eis requiem
Sempiternam.
« Donne-leur le repos
Éternel. »
La maladie de Lili Boulanger s'est déclarée peu après

sa naissance. On l'appelle entérite, ou tuberculose intestinale : le médecin qui lui donnera son nom n'est encore qu'interne en gastro-entérologie dans un hôpital de New York. La maladie de Crohn n'a rien d'une tuberculose, Lili le sait avec une précision physique. C'est un mal du bas, ancré au fond des tripes, un mal de souillure et de honte, sans sanatorium ni dame aux camélias.

Il épuise, cependant, de la même façon. Il anémie. Il rend transparent et osseux.

Et puis, il tue.

Lili cesse de parler.

« Tu veux dormir ? », demande Nadia au bout d'un long moment.

La maison est très silencieuse. Même en tendant l'oreille, on peine à entendre ce qui se passe dans les pièces du bas, dans la rue. La famille a choisi Mézy pour éloigner la souffrante de Paris et des risques de bombardements allemands. La guerre n'en finit pas de finir.

« J'aimerais que ce soit simple, dit Lili. Comme un dénouement. Un apaisement. »

Nadia ressemble à un oiseau, elle aussi ; un oiseau de

nuit aux yeux agrandis par les lunettes. Une chouette attentive et sagace. Elle ne pose aucune des questions qui lui viennent.

De quoi parles-tu ? Qu'attends-tu qui se dénoue ? La guerre ? Ta musique ou bien ta vie ?

Nadia a trop de tristesse en elle, déjà, pour supporter l'idée de voir partir sa sœur. Il y a quatre ans, son amour est mort à Moscou, quasiment dans ses bras. Il s'appelait Raoul Pugno. Ensemble, ils voyageaient, composaient et interprétaient de la musique. Depuis que Pugno est mort, depuis que Lili a remporté le prix de Rome, Nadia ne compose plus qu'avec d'immenses difficultés.

« Repose-toi, suggère Nadia. On finira plus tard. »

Lili ferme les yeux. Nadia se lève.

« Attends, rappelle sa sœur.

— Je t'écoute, assure-t-elle.

— Que va devenir *Maleine* ? »

Londres;

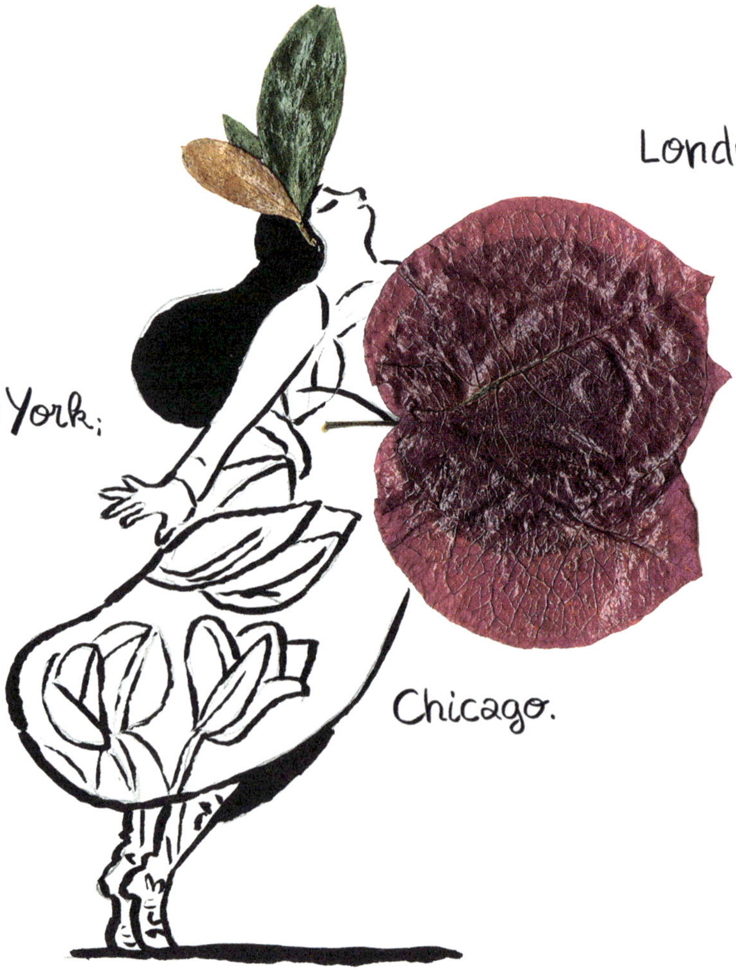

New York;

Chicago.

1935, mort de Raïssa.

PSAUME 24 :
LA TERRE APPARTIENT À L'ÉTERNEL
pour ténor, chœur mixte, orgue et orchestre

36, rue Ballu, Paris, octobre 1979

Une ambulance ramène Mademoiselle chez elle.
Depuis plusieurs décennies, Nadia Boulanger n'est plus appelée que par ce surnom, par respect, par affection. Elle n'était Nadia qu'au sein de sa famille. Sa famille n'est plus depuis longtemps. L'entourage proche est fait d'amis et d'admirateurs, d'anciens élèves, de mécènes.
Une camionnette suit la voiture médicalisée, emplie de ses affaires personnelles. Depuis plus d'un demi-siècle, quel que soit son état de santé, Mademoiselle passe l'été à Fontainebleau, au Conservatoire américain dont elle est la directrice. La collection d'œuvres et de souvenirs de la rue Ballu l'accompagne dans ses transhumances. Nadia reconstitue en chaque lieu où elle s'installe le décor de son salon.
Être chez elle, c'est être entourée d'objets choisis, de souvenirs et de fantômes.

"Savez-vous comment s'établit la tonalité,
ce qui aide à comprendre une phrase musicale ?"

À Fontainebleau, les élèves de ses différents cours lui ont donné un dernier récital. Ils ont chanté pour elle et son cœur a vibré. Il n'y a jamais rien eu, pour elle, au-dessus de l'art.

Nadia, rentrée à Paris, garde le lit. Elle a quatre-vingt-douze ans et a presque entièrement perdu la vue. Son corps ne lui obéit plus qu'avec difficulté. Des poussées de fièvre la font délirer. Annette Dieudonné, la plus fidèle de ses collaboratrices, filtre les visites. Il n'y a plus guère que les médecins à pouvoir l'approcher, et puis le jeune Émile Naoumoff.

Ce tout dernier élève est un Bulgare, arrivé chez elle à l'âge de neuf ans. Il a traversé le rideau de fer et une moitié de l'Europe pour suivre son enseignement. En quittant Sofia, sa famille espérait trouver à Paris la légendaire Mademoiselle, sans être certaine qu'elle fut toujours en vie ; sans pouvoir garantir à l'enfant que l'impitoyable pédagogue accepterait de le prendre dans ses cours. Nadia a pris Émile sous son aile et lui a promis dix années d'enseignement si Dieu lui prêtait vie. Elle aura eu le temps de lui en prodiguer neuf. Voilà désormais Émile Naoumoff au chevet de sa

maîtresse. Le petit garçon est devenu un jeune adulte. Les volets sont mi-clos, les rideaux tirés. Le visage de Mademoiselle dans la pénombre, sans lunettes, émacié par la longue maladie, paraît plus nu et plus étrange que celui d'un nouveau-né. À la demande de la mourante, Émile lit une partition de Bach.
Nadia entend tout.
Cette chambre dans laquelle elle gît et va bientôt mourir est celle où, soixante-quinze ans plus tôt, elle s'est pour la première fois endormie auprès de sa mère et de sa sœur. Elles y ont été trois femmes, et puis deux. Ensuite, il n'y a plus eu qu'elle.
Raïssa et Lili persistent dans le salon : leurs images, leurs mots, leurs souvenirs. Le buste de marbre et le portrait peint, parmi des photos de Raoul Pugno et de Pierre de Monaco, de Dinu Lipatti et de Paul Valéry, de Camille Saint-Saëns, du pape Paul VI, de Saint-Exupéry… La mère et la sœur perdues dans les bibelots et les livres, les partitions, les meubles, les instruments de musique.
Émile Naoumoff lit, portée après portée, *L'Offrande musicale* de Bach. Lentement, avec application : il s'agit

de ne rien oublier, de ne pas se tromper d'une note. Si la pédagogue n'a plus la force de lever le bras, d'interrompre la dictée en cas d'erreur, sa main crispée sur le drap ou les sourcils soudain froncés conservent une dureté, une intransigeance intacte. Bach est là, avec eux, et Lili qui se retourne dans le lit voisin, peinant à trouver le sommeil ; Lili qui se lève et se recouche, qui fait craquer les longues lattes du plancher, qui ouvre et referme la porte avec mille précautions. Lili ne veut pas déranger, malgré le mal qui l'agite nuit et jour. Raïssa est présente également : elle refait le lit au carré, remet la carafe au centre de la table de chevet, feuillette l'agenda de sa fille laissé sur le bureau, commente un choix vestimentaire, se plaint d'un manque. « Tu ne m'écoutes pas », dit la mère morte depuis un demi-siècle à Nadia.
« Merci », chuchote Lili en même temps.
Et Bach, en arrière-fond, Bach dans la bouche d'Émile, dit tout le reste. Tout ce qui compte. La beauté sans attache ni temporalité. L'amour sans faille. L'éternité. C'est toujours la musique qui porte Nadia. La musique infinie, à même de tout remplir.

Pour vaste qu'elle ait été, sa vie lui paraît brève désormais. Nadia Boulanger a embrassé le siècle entier, elle a marqué l'histoire de la composition et de l'interprétation, elle a changé le cours du monde. Nadia a traversé les deux guerres mondiales et mené des tournées internationales, elle a donné des milliers de récitals, dirigé les plus grands orchestres. Des deux filles Boulanger, c'est Lili qui s'est chargée d'écrire. Après sa disparition, Nadia a choisi de se concentrer sur le reste. Tout lire. Tout jouer. Elle a été, selon les mots de Stravinsky, « celle qui entend tout ».
Et puis, à celles et ceux qui avaient le génie — ce mélange de rigueur et de désir de changer le monde —, elle a transmis ce qu'elle savait de cet art éphémère et transcendant. De la demeure familiale rue Ballu, elle a fait l'un des centres de son activité d'enseignante. Tous les mercredis, dans le salon de musique, elle recevait des élèves triés sur le volet pour son cours d'analyse musicale. Nadia Boulanger est devenue, entre autres choses, l'une des plus grandes pédagogues du XXᵉ siècle. Elle a enseigné à des générations d'élèves, puis aux élèves de ses élèves. Ses efforts ont

permis à Quincy Jones, à Copland, à Glass et à des dizaines d'autres artistes de s'épanouir. Son influence a été telle que ses détracteurs lui ont donné un surnom moqueur : *la boulangerie*.

Dans tout ce que Nadia a fait, il y avait Lili.

Toujours, il y avait Raïssa.

Le salon de la rue Ballu est leur musée et leur mémorial. « En grec, l'objet-souvenir se dit *anamnêsis* », explique à présent Raïssa.

La princesse Michetsky est là, debout derrière Ernest Boulanger, son époux. Elle se tient très droite dans une robe noire, porte un bandeau dans les cheveux. Elle paraît jeune à sa fille mourante. Elle parle à ses filles alitées, qui seront toujours pour elle comme de petits enfants. Nadia entend la voix qui poursuit dans les notes de Bach.

« Anamnèse. Faire revenir le souvenir. Dans la liturgie, c'est le moment où l'on se rappelle les dernières paroles de la Cène. Le Christ, condamné, qui dit à ses apôtres : "Faites ceci en mémoire de moi." »

Nadia a toujours mesuré sa responsabilité, être la vivante anamnèse de ces femmes aimées. « Celle qui

dicte l'enthousiasme et la rigueur », la gardienne des mortes, la passeuse du vivant. Celle qui, jusqu'au bout, porte la musique.
Dans un instant, très bientôt, Nadia Boulanger va mourir, et tout ce qu'elle a été, et tout ce qui l'a accompagnée, ces fragments d'autrui, cet amour, ce soin attentif n'existeront plus que sous la forme de paroles rapportées, d'anecdotes, de témoignages, et d'une multitude d'objets, rassemblés et conservés dans le salon de son appartement de la rue Ballu, à la signification de plus en plus opaque à mesure que passera le temps.
Émile entame le *Canon perpétuel* et Nadia, une fois encore, entend chaque note, entend chaque mot.
Lili, à côté d'elle, a les yeux qui brillent dans son pâle visage, un sourire fin, apaisé. De la voix sûre qu'elle avait de son vivant, la Petite Sœur dit :
« Nous faisons mémoire de la mort et de la résurrection. »
Nadia garde les yeux fermés.
Elle ne bouge pas.
Paris bruisse derrière la fenêtre.
Partout, la vie.

Aaron Copland; George Gershwin; Leonard Bernstein;

Walter Piston;

Michel Legrand; Jean Françaix; Quincy Jones;

Dinu Lipatti;

Astor Piazzolla;

Krzysztof Penderecki;

Elliott Carter;

Idil Biret;

Daniel Barenboim;

Lennox Randal;

Vigil Thomson.

Jeremy Menuhin;

Roger Sessions;

Pierre Schaeffer;

Francis Berkeley;

Andrzej Panufnik; Igor Markevitch.

"Qui es-tu dans la musique ?"

VIEILLE PRIÈRE BOUDDHIQUE

pour ténor, chœur mixte et piano ou orchestre

Trois carnets à reliures de cuir rouge

Le 15 mars est la date anniversaire de la mort de Lili Boulanger. À l'église de la Madeleine, où Nadia a tenu l'orgue en alternance avec Gabriel Fauré à l'âge de dix-neuf ans, la grande sœur fait chaque année donner une messe en sa mémoire. On y joue certaines de ses pièces religieuses, l'un ou l'autre de ses *Psaumes*, et puis, toujours, le *Pie Jesu*, la pièce d'apaisement, le point final. Nadia Boulanger n'était pas âgée de trente ans lorsqu'elle est entrée dans un deuil sans terme. Ni pour elle ni pour les autres, le temps ne devait rien effacer. Dans ses petits agendas, elle notait les dates de mort de celles et ceux que ses proches avaient perdus pour, une année après l'autre, envoyer des mots de condoléances le jour exact.

« À la mémoire de votre époux. »

« De votre fille. »

« En partage de votre chagrin. »

Jusqu'au terme de sa vie, Nadia a travaillé à la mémoire de Lili : rééditions des partitions, représentations, enregistrements, création d'un fonds international de soutien, transmission, archivage.
Une étrange absence marque cependant ce vaste travail de conservation : l'opéra sur lequel Lili s'acharnait jusqu'à ses dernières semaines, *La Princesse Maleine*, demeure aujourd'hui introuvable.
Dans une lettre de 1937, Nadia écrit : « *Maleine* est très avancé — admirable — et pourtant injouable — dites seulement : *inachevé*, ce qui est vrai, hélas, mais pour si peu. »
Lors d'une exposition pour les cinquante ans de la mort de Lili, les partitions originales, portées dans trois carnets reliés de cuir rouge, furent visibles dans une vitrine. On a retrouvé un quatrième carnet, empli d'annotations de Lili pour procéder aux corrections et à la finalisation de l'œuvre disparue.
À la mort de Nadia, le 22 octobre 1979, une malle contenant les écrits personnels des sœurs Boulanger a été confiée à la BnF, avec pour consigne de ne pas l'ouvrir avant trente ans. Lorsque son contenu a pu être dépouillé en 2012, la déception a été générale.

Non seulement quelques journaux intimes de Lili et Nadia avaient disparu, empêchant pour toujours l'élucidation de certains secrets de famille, mais les carnets rouges de *Maleine* ne s'y trouvaient pas.
« Je sens, je dirais presque, je sais que l'enfant de génie qui doit donner une voix à *La Princesse Maleine* ne peut pas s'en aller avant d'avoir accompli son œuvre, qui semble se confondre avec son destin », a écrit Maurice Maeterlinck quelques mois avant la mort de la compositrice.
Le poète rêvait de voir son chef-d'œuvre de jeunesse passer à la postérité dans une adaptation de Lili Boulanger, comme son *Pelléas et Mélisande* avait été porté par Claude Debussy.
À la place : un silence.

*

À Leonard Bernstein, qui lui demandait ce qu'il pouvait ajouter à l'une de ses partitions pour l'achever, Nadia Boulanger répondit un jour :
« Et pourquoi pas rien ? »

APPARITIONS, DISPARITIONS

1815. Naissance d'Ernest Boulanger.
1836-1837. Séjour d'Ernest Boulanger à la Villa Médicis.
1858. Naissance de Raïssa Michetsky.
1887. Naissance de Nadia Boulanger.
1889. Publication de *La Princesse Maleine*, première pièce de théâtre de Maurice Maeterlinck.
1893. Naissance de Lili Boulanger.
1900. Mort d'Ernest Boulanger.
1904. Raïssa, Nadia et Lili emménagent rue Ballu.
1913. Lili remporte le grand prix de Rome.
1914-1916. Séjours de Lili Boulanger à la Villa Médicis.
1914. Mort de Raoul Pugno.
1918. Mort de Lili Boulanger.
1935. Mort de Raïssa Michetsky.
1979. Mort de Nadia Boulanger.

BIBLIOGRAPHIE

Carole Bertho-Woolliams, *Lili Boulanger : compositrice du XXe siècle*, Paris, Le Jardin d'essai, 2009.

Annegret Fauser, « Lili Boulanger's *La Princesse Maleine* : A Composer and her Heroine as Literary Icons », *Journal of the Royal Musical Association* 122/1 (1997).

Alain Galliari, *Lili : récit*, Esbly, The Book Edition, 2017.

Anya B. Holland-Barry, *Lili Boulanger (1893-1918) and World War I France : Mobilizing Motherhood and the Good Suffering*, thèse de doctorat, Madison, University of Wisconsin, 2012.

Alexandra Laederich (dir.), *Nadia Boulanger et Lili Boulanger : témoignages et études*, Lyon, Symétrie, 2007.

Maurice Maeterlinck, *La Princesse Maleine : drame en cinq actes* [1889], Paris, Georges Crès et Cie, 1918.

Brigitte Maroillat, « Lili Boulanger et son opéra perdu : prémices d'une enquête », *forumopera.com*, 2020.

Brice Miclet, « Nadia Boulanger, femme de l'ombre et d'influence du milieu classique parisien », *slate.fr*, 2021.

Bruno Monsaingeon, *Mademoiselle : entretiens avec Nadia Boulanger*, Paris, Van de Velde, 1980.

Léonie Rosenstiel, *The Life and Works of Lili Boulanger*, Madison, Fairleigh Dickinson University Press, 1978.

Jérôme Spycket, *Nadia Boulanger*, Paris et Lausanne, Lattès/Payot, 1987.

—, *À la recherche de Lili Boulanger*, Paris, Fayard, 2004.

SOURCES

Caroline Deruas, *L'Indomptée*, film de fiction, Thelma films, 2016, 94'.

Bruno Monsaingeon, *Mademoiselle* [1973], film documentaire, EuroArts/Naxos, 1977, 54'.

Claire Pouly-Borgeaud, *Nadia Boulanger : la musique en personne*, documentaire radiophonique, France Culture, 2018, 58'.

ARCHIVES

À la mort de Nadia Boulanger, les objets et documents du 36, rue Ballu, dans le 9e arrondissement de Paris, ont été répartis entre plusieurs institutions.

L'ensemble du salon, comprenant les instruments de musique, les œuvres d'art, les bibliothèques et le mobilier, a intégré le Musée de la musique de la Philharmonie de Paris. Parmi ces objets figure le buste en marbre de Lili, sculpté par Lucienne Heuvelmans à Rome en 1918. Une version préparatoire de 1916 en plâtre teinté, fidèle au buste en terre dessiné dans l'ouvrage, a rejoint les collections fin 2024.

Les documents personnels — correspondance, agendas et travaux autographes de Nadia et Lili — sont à la Bibliothèque nationale de France. C'est également là-bas que se trouve le contenu de la mystérieuse valise, ouverte en 2011.

L'essentiel des partitions et documents de travail est préservé à la médiathèque Nadia-Boulanger du Conservatoire national supérieur de musique et de danse de Lyon.

La bibliothèque de l'université d'Harvard conserve les partitions des élèves états-uniens de Nadia. D'autres documents ont été donnés à la Bibliothèque polonaise de Paris.

Du travail de Lili Boulanger sur l'opéra *La Princesse Maleine* n'ont été retrouvés qu'un extrait musical (la scène 2 du premier acte), un carnet de corrections portant sur l'ensemble de la partition et deux versions du livret (dont une annotée par Lili Boulanger, Maurice Maeterlinck et Tito Ricordi). Ces manuscrits sont conservés au Département de la musique de la Bibliothèque nationale de France.

Les « trois carnets reliés de cuir rouge », contenant l'œuvre laissée inachevée par Lili à sa mort, n'ont pas reparu à ce jour.

PLAYLIST LILI BOULANGER

- *Attente*, pour voix et piano (Stéphane Degout, baryton ; Anne de Fornel, piano, *Les Heures claires : intégrale des mélodies*, Harmonia Mundi, 2023).
- *Les Sirènes*, chœur à trois voix de femmes et chœur mixte en coulisse, piano ou orchestre (Maîtrise de Radio France ; Anne Le Bozec, piano ; Sofi Jeannin, dir., concert « Pionnières », Radiofrance.fr, 2020).
- *Soir d'été*, chœur à quatre voix et piano, œuvre inachevée.
- *Clairières dans le ciel*, cycle de treize mélodies pour voix et piano (Cyrille Dubois, ténor ; Tristan Raës, piano, *Clairières dans le ciel*, Hortus, 2015).
- *La Tempête*, chœur à trois voix d'hommes et piano (Orpheus Vokalensemble, Antonii Baryshevskyi, pianoforte, Michael Alber, dir., *Hymne au Soleil : œuvres chorales*, Carus, 2018).
- *Pie Jesu*, pour soprano, quatuor à cordes, harpe et orgue (Bernadette Greevy, contralto ; BBC Symphony Orchestra ; Nadia Boulanger, dir., *Boulanger*, BBC Legends, 1999 [1968]).
- *Psaume 24*, « La terre appartient à l'Éternel », pour ténor, chœur mixte, orgue et orchestre (The Monteverdi Choir ; London Symphony Orchestra ; John Eliot Gardiner, dir., *Stravinsky/Boulanger*, Deutsche Grammophon, 2002).
- *Vieille prière bouddhique*, pour ténor, chœur mixte et piano ou orchestre (Chœur symphonique de Namur ; Orchestre philharmonique du Luxembourg ; Mark Stringer, dir., *Lili Boulanger*, Timpani, 2008).

REMERCIEMENTS

Élodie Durand remercie Léo, Claire, Sabrina, Lucie, Laurent, Élise pour cette carte blanche inédite et l'aventure partagée.

Léo Henry remercie Camille, luvan et Élodie.

Les Éditions de la Philharmonie remercient Alexandra Laederich, déléguée générale du Centre international Nadia et Lili Boulanger, et Christine Laloue, conservatrice au Musée de la musique.

Une collection dirigée par Sabrina Valy
avec la collaboration d'Élise Foucault,
Claire Martinet, Laurent Muñoz & Peter Szendy
Design graphique : Sylvia Tournerie
Fabrication : Luc Martin
Photogravure : IGS-CP
Typographies : Allan, Biorhyme, Chaparral Pro, Lapture, Gupter
Papiers : Pergraphica High White Rough 240 g
et Munken Lynx Rough 150 g

Achevé d'imprimer sur les presses de Sepec - 28627240101
à Péronnas, France, en mars 2025
Dépôt légal : avril 2025